云南省地方标准

高速公路养护站建设指南

DB 53/T 754—2016

人民交通出版社股份有限公司
China Communications Press Co.,Ltd.

图书在版编目(CIP)数据

高速公路养护站建设指南 / 云南公投建设集团有限公司编著. — 北京 : 人民交通出版社股份有限公司,2017.4

ISBN 978-7-114-13783-9

Ⅰ. ①高… Ⅱ. ①云… Ⅲ. ①高速公路—公路养护—云南—指南 Ⅳ. ①U418

中国版本图书馆 CIP 数据核字(2017)第 085886 号

书　　名: 高速公路养护站建设指南
著 作 者: 云南公投建设集团有限公司
责任编辑: 刘永芬
出版发行: 人民交通出版社股份有限公司
地　　址: (100011)北京市朝阳区安定门外外馆斜街 3 号
网　　址: http://www.ccpress.com.cn
销售电话: (010)59757973
总 经 销: 人民交通出版社股份有限公司发行部
经　　销: 各地新华书店
印　　刷: 北京市密东印刷有限公司
开　　本: 880 × 1230　1/16
印　　张: 1.5
字　　数: 31 千
版　　次: 2017 年 6 月　第 1 版
印　　次: 2017 年 6 月　第 1 次印刷
书　　号: ISBN 978-7-114-13783-9
定　　价: 30.00 元

目　次

前　言

本指南按照 GB/T 1.1—2009《标准化工作导则　第 1 部分:标准的结构和编写》给出的规则起草。

本指南由云南公投建设集团有限公司提出。

本指南由云南省交通运输标准化技术委员会(YNTC13)归口。

本指南主要起草单位:云南公投建设集团有限公司。

本指南主要起草人:李国锋、唐江、刘朝成、蒋鹤、李文辉、严恒、李佳佳、尹勤思、李昌洲、沈盼、郁彩霞。

高速公路养护站建设指南

1 范围

本指南给出了高速公路养护站的术语和定义、养护站布设原则及养护站各功能区建设的要求。

本指南适用于高速公路养护站的规划、设计、新建和改扩建工程。

2 规范性引用文件

下列文件对于本文件的应用是必不可少的。凡是注日期的引用文件,仅所注日期的版本适用于本文件。凡是不注日期的引用文件,其最新版本(包括所有的修改单)适用于本文件。

GB 2894 安全标志及其使用导则
GB 50015 建筑给水排水设计规范
GB 50057 建筑物防雷设计规范
GB 50194 建设工程施工现场供用电安全规范
GB 50352 民用建筑设计通则
GB 50720 建设工程施工现场消防安全技术规范
JTG B01 公路工程技术标准
JTG D20 公路路线设计规范
JTG/T D21 公路立体交叉设计细则

3 术语和定义

下列术语和定义适用于本文件。

3.1

高速公路养护站

在高速公路养护区间内设置的,用于保障高速公路养护作业及应急抢险功能,以保证高速公路通畅、安全、舒适、高效、可持续服务的基础性配套设施。根据管养里程、建设规模和功能分为:一级养护站、二级养护站和三级养护站。

4 养护站功能

4.1 一级养护站

一级养护站担负管养范围内路基、路面、桥涵、隧道和交通设施等的大中修、改扩建工程的养护管理任务和应急抢险工程,并对管养范围内的二、三级养护站进行管理,同时对养护机械、设备、应急物资和主要材料进行管理与调度,可履行二、三级养护站的职责。

4.2 二级养护站

二级养护站担负管养范围内路基、路面、桥梁、隧道和交通设施等的小修保养任务,并能及时响应一级养护站的应急抢险要求,可履行三级养护站的职责。

4.3 三级养护站

三级养护站主要担负日常巡查、清扫、绿化维护及局部病害处治等任务。

5 养护站布设

5.1 一般规定

5.1.1 不同管养单位宜单独设置各级养护站。

5.1.2 各级养护站开口设置应符合 JTG B01、JTG D20、JTG/T D21 中有关规定。

5.2 一级养护站

5.2.1 一级养护站点宜在枢纽互通附近布设。

5.2.2 两个相邻一级养护站距离不宜大于 200km,由独立管养单位经营管理路段宜单独设置一级养护站。

5.3 二级养护站

5.3.1 两个相邻一级养护站间宜设置不少于一个二级养护站,设置位置宜满足其功能要求。

5.3.2 两个相邻二级养护站距离不宜大于 100km。

5.4 三级养护站

5.4.1 两个相邻二级养护站间宜设置不少于一个三级养护站,设置位置宜满足其功能要求。

5.4.2 两个相邻三级养护站距离不宜大于 50km。

6 养护站建设

6.1 一般规定

6.1.1 养护站建筑设计应符合 GB 50352 中有关规定。

6.1.2 养护站功能分区宜包括办公区、生活区、生产区及附属设施。

6.1.3 考虑到噪声、废气等工业污染,平面布置上生产区宜与办公区和生活区分离。

6.1.4 养护站生活区和办公区绿化面积不宜小于总占地面积的 30%。

6.1.5 养护站内各区域消防设施应满足 GB 50720 中有关规定,宜在醒目位置配备必要的消防器材,并在适当位置设置室外消防水池或消防沙池。

6.1.6 养护站给水排水设计应符合 GB 50015 中有关规定。

6.1.7 养护站用电设计应符合 GB 50194 中有关规定,一、二级养护站宜架设专用动力线路。

6.2 养护站建设规模

养护站建设规模宜按下列标准配置。

a) 一级养护站用地面积不宜小于 30 亩;

b) 二级养护站用地面积不宜小于 20 亩;

c) 三级养护站用地面积不宜小于 10 亩;

d) 办公区、生活区建筑面积不宜低于表 1 规定;

e) 各级养护站配套建设的车库、配电房、门卫值班房等附属设施建筑规模不宜小于 300m^2。

表 1 养护站办公区、生活区建筑规模一览表

功 能 室	单 位	面 积
办公室	m^2/人	10
档案室	m^2	40
会议室	m^2/人	5
活动室	m^2/人	5
宿舍	m^2/人	8
公共卫生间	m^2/人	1.2
淋浴室	m^2/人	1.2
食堂	m^2/人	2.4

6.3 养护站功能区配置

6.3.1 各级养护站功能区配置如表 2 所示。

表 2 各级养护站功能区配置一览表

建筑功能分区		站 级		
		一级养护站	二级养护站	三级养护站
办公区	办公室	●	●	●
	会议室	●	●	○
	档案室	●	●	—
生活区	宿舍	●	●	●
	食堂	●	●	●
	卫生间	●	●	●
	淋浴室	●	●	●
	文体活动室	●	●	●
生产区	拌和站	●	—	—
	试验室	●	○	—
	材料存放库	●	—	—
	应急物资储备库	●	—	—
	机械设备停放库	●	●	●
	钢筋加工厂	○	○	—
	小构件预制场	○	○	—
	预制梁场	○	—	—
注：●必须；○选择；—无				

6.3.2 养护站办公区、生活区和生产区平面图参见附录 A。

6.4 办公区

6.4.1 一级养护站办公室宜配备必要的信息化硬件设施，满足养护施工信息收集、整理、传送以及养护工程进度、质量、安全、计量、变更等信息化管理的要求。

6.4.2 会议室宜配备多媒体投影仪等常用会议设施。

6.4.3 具备条件的一级养护站档案室可配备相应的信息化管理与监控设施，对特大桥、长隧道、高边坡等重点养护路段建立远程监控系统，实行动态养护管理。

6.5 生活区

6.5.1 各级养护站宿舍宜按标准间设置，每间面积不宜小于 $16m^2$。

6.5.2 食堂距离公共卫生间、垃圾站及有害物质场所不小于20m，距离办公楼不小于10m。

6.5.3 公共淋浴室宜设在宿舍楼一楼，总面积不小于 $20m^2$，淋浴喷头数量与人员比例不小于1:8。

6.5.4 具备条件的养护站可设置运动场地。

6.6 生产区

6.6.1 拌和站场地面积、搅拌机组配置及产能应满足生产、施工要求和工程进度要求。

6.6.2 拌和楼必须设避雷针，应满足 GB 50057 的要求。

6.6.3 试验室宜设于拌和站或材料存放库附近，并按试验检测需求配置各功能室，面积不宜低于表3的规定。

表3 养护站试验室各功能室面积标准

各功能室名称	配备标准(m^2)	配 置 设 备
土工室	20	配置温度控制设备
集料室	15	配置温度控制设备
水泥室	15	配置温、湿度控制设备
水泥混凝土室	20	配置温、湿度控制设备，完善排水设施
力学室	25	配置温度控制设备
标准养护室	20	配置温、湿度控制设备，完善排水设施
沥青室	20	配置温度控制设备
沥青混合料室	25	配置温、湿度控制和大功率排风设备
样品室	10	按照样品状态分区
料棚	10	—
化学室	15	配置排风设备
外检室	20	—
试验办公室	25	按试验室人数配置，人均不小于 $6m^2$，并设置防暑降温、取暖设施

6.6.4 小型构件预制场宜设置生产区、养生区、存放区、废料处理区，宜配备小型搅拌站。生产区宜设置配套模具、模板、振动台等。养生宜采用自动喷淋系统。存放区宜通风良好，宜设置顶棚。

6.6.5 材料存放库设置点宜靠近使用地点，库房内地面应进行硬化、防潮处理。

6.6.6 砂石料存放库应设顶棚，合理设置隔仓，地面设不小于1%的排水坡度及相应的排水设施。

6.6.7 一级养护站可设置钢材存放库、油库等。

6.6.8 机械设备停放库宜为半封闭式库房，宜采用钢骨架结构，净空高度不应小于5m，进深6～10m，屋面应做隔热处理；根据机械设备数量预留足够的停放位置，设置必要的机械检查维修地沟。

7 养护站机械配置

7.1 一级养护站机械配置

一级养护站常用机械宜按表4要求配置。

表4 一级养护站常用机械配置及规格参数

机械名称	规格参数	配置数量/百公里	备注
挖掘机	斗容≥0.8m³，功率≥100kW	0.5	
路面铣刨机	宽度1～2m	1	
沥青洒布车	≥2000L	1	
沥青混凝土摊铺机	摊铺宽度4.5～9m	1～2	
沥青混凝土热再生拌和设备	>3t/h	1	
沥青混凝土冷再生拌和设备	>3t/h	1	
石屑撒布车	宽度1～3m	0.5	
稳定土摊铺机	宽度4.5～9m	1～2	
静碾压路机	≤10t	1	
双钢轮振动压路机	≤8t	1	
	≥9t	1	
轮胎压路机	16～25t	1	
单钢轮振动压路机	14～28t	1	
沥青运输油罐车	5～10t	1	
沥青储存加温设备	300～2000L	1	
沥青储存加温罐	50t	3	
沥青混合料搅拌站	强制拌和，140～160t/h	1	
沥青混合料拌和机	10～30t/h	1	
稳定土厂拌设备	≥200t/h	1	
凿岩机	钻孔深3～9m	0.5	
地磅	10～40t	0.5	
装载机	斗容≥2m³，功率≥100kW	2	
混凝土喷射机	排量2～6m³/h	1	
压浆设备	压力>10MPa	1	
钢筋加工机械	加工直径6～40mm	1	
钢筋对焊机		1	
运输车	行驶速度≥50km/h	1～2	

表 4(续)

机 械 名 称	规 格 参 数	配置数量/百公里	备 注
路面划线机	线宽 80～300mm	2	
热融釜		2	
路面除线机	线宽 80～300mm	2	
消防车	>8000L	1	有大于 5km 的长隧道时配置
平板拖车	1～30t	1	

7.2 二级养护站机械配置

二级养护站常用机械宜按表 5 要求配置。

表 5 二级养护站常用机械配置及规格参数

机 械 名 称	规 格 参 数	配置数量/百公里	备注
高空作业车	举升高度 10～12m	1	按需配置
护栏打桩机	打桩力≥20kN	1	
护栏拔桩机		1	
护栏板矫正机		0.5	按需配置
事故抢险车		1	
路面铣刨机	宽度 0.5～1m	1	
沥青路面综合养护车		2	
沥青路面加热机	加热面积 0.5～2m^2	2	
清缝机		1	
灌缝机		1	
挖掘装载机	≥0.6m^3	1	
涵洞清淤车		1	
隧道清洗机(车)	5MPa,50L/min	0.2	
静碾压路机	≤10t	1	
双钢轮振动压路机	≤8t	1	
	≥9t	1	
皮带运输机	带宽 500～800m	2	
发电机组	50～200kW	1	
轻型卡车	1～4.5t	1	
自卸汽车	1.5～15t	2	
装载机	斗容量 3～5t	1	
汽车起重机	10～30t	1	
喷漆机械		1	

表 5（续）

机 械 名 称	规 格 参 数	配置数量/百公里	备注
吊装设备	起重能力 5～30t	1	
喷漆设备	喷涂压力≥10MPa，功率≥3kW	1	
液压破除机	工作压力≥10MPa，流量≥30L/min，功率≥30kW	1	
千斤顶	顶升力≥50kN，行程≥300mm	3	
空压机	压力≥0.7MPa，储气筒容积≥0.3m^3	2	
风动工具	功率≥1kW	2	
水泵	扬程≥25m，吸程≥6m	3	
路面破碎机		3	
路面切割机		3	
吹风机		3	
平板振动夯和冲击夯	100～200kg	各 3	
手扶振动压路机	≤2t	3	
冷料补坑机		2	

7.3 三级养护站机械配置

三级养护站常用机械宜按表 6 要求配置。

表 6 三级养护站常用机械配置及规格参数

机 械 名 称	规 格 参 数	配置数量/百公里	备 注
路面清扫车	清扫宽度 2～3m	2	按需配置
多功能洒水车	500～1000L	3	
割灌除草机	30cm^2/s，≥1.8kW	4	
绿篱机		3	
油锯		3	
护栏清洗机		2	
多功能养护机	≥26kW	1	
公路巡路车	3～6 座	2	
公路养护作业车	≤2T	3	
除冰机	除冰宽度 1.5～3.5m	3	高寒地段按需选用
推雪铲	除雪宽度 1.5～3.5m	2	高寒地段按需选用
道路清障车	起吊 5t，拖力 20t	2	
移动标志车		3	
移动式现场照明设备	照明范围≥200m	3	
皮卡	0.5～1t	2	
边沟清理机械		2	采用集中排水时按需选用

8 标识标牌

各级养护站办公区、生活区、生产区等宜设置相应标识标牌。各标识标牌宜样式规范，大小适中，可参照附录B、附录C要求设置。

附 录 A
（资料性附录）
养护站办公区、生活区和生产区平面示意图

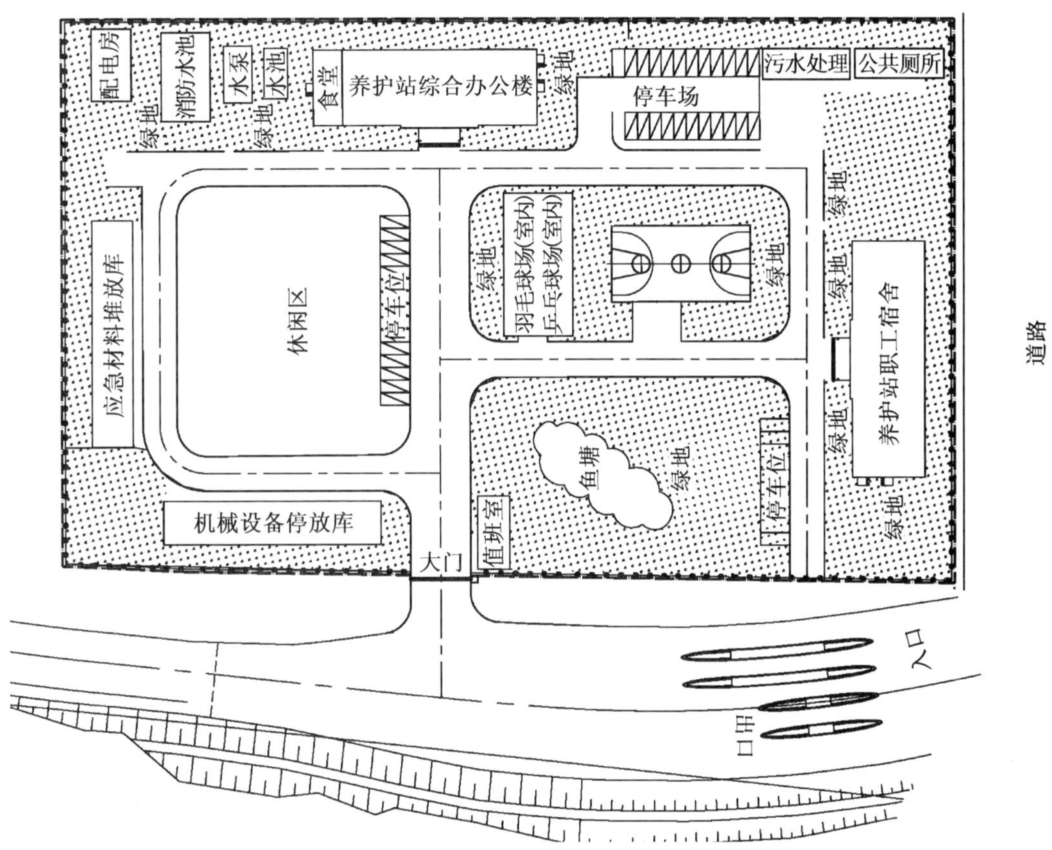

图 A.1　养护站办公区、生活区平面布置示意图

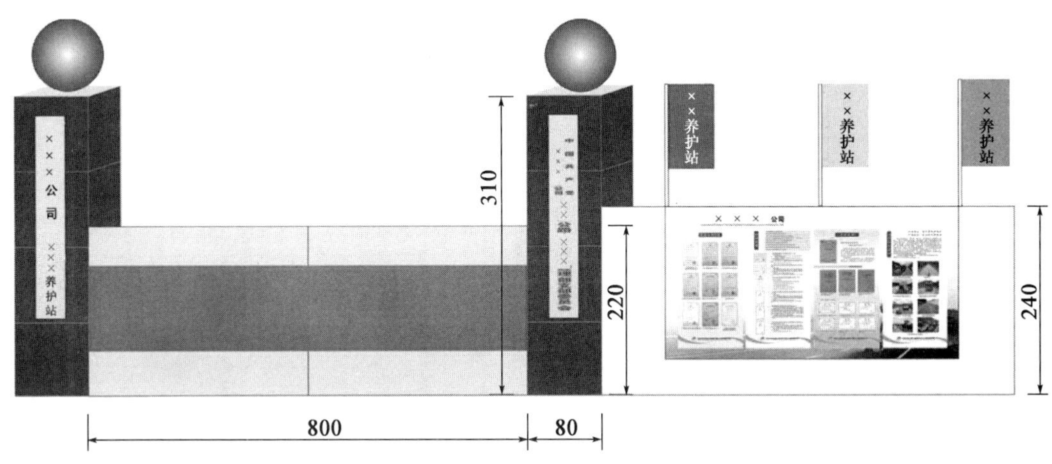

图 A.2　养护站办公区、生活区大门效果图(尺寸单位:cm)

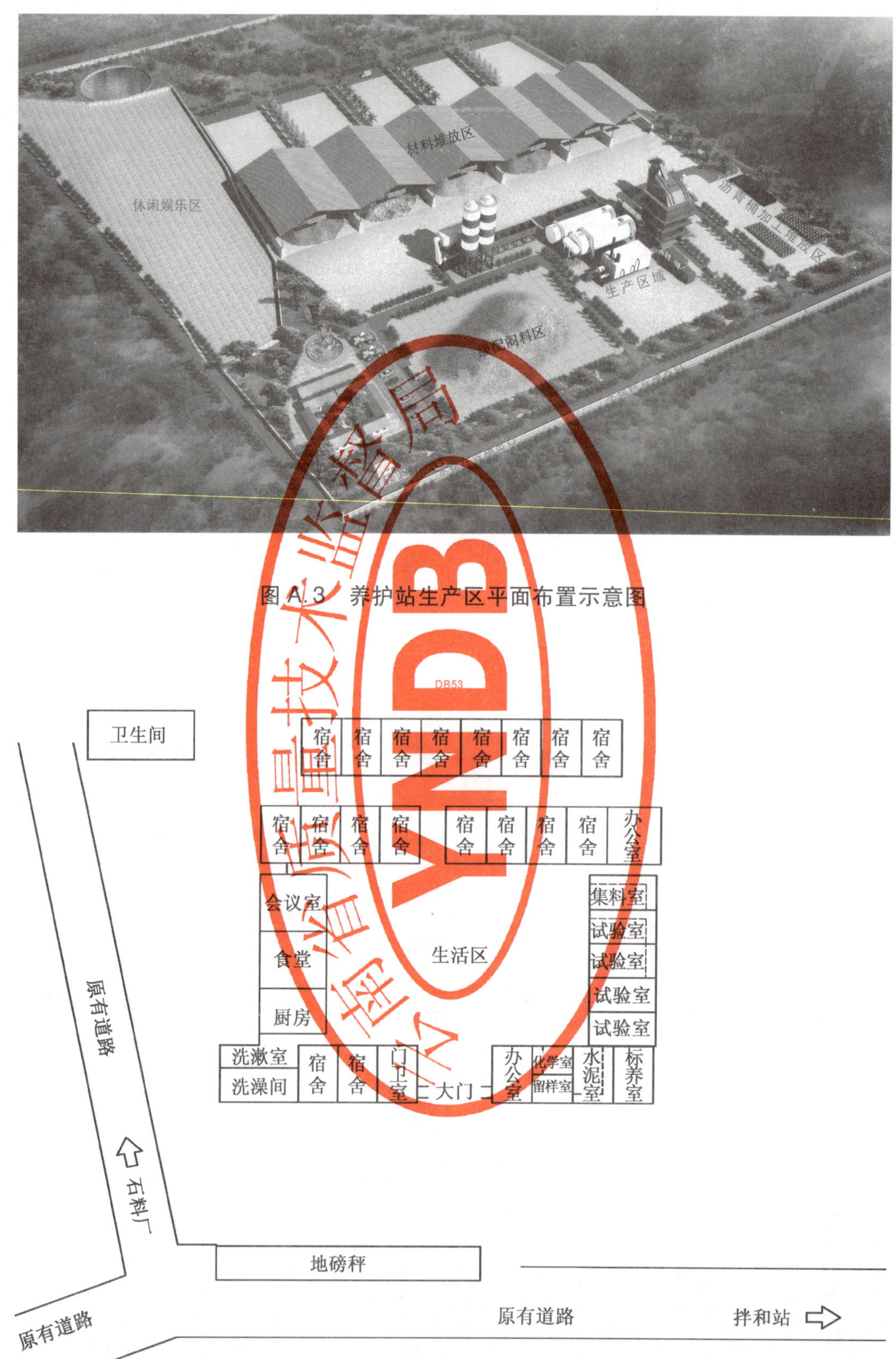

图 A.3　养护站生产区平面布置示意图

图 A.4　生产区内生活区布置示意图

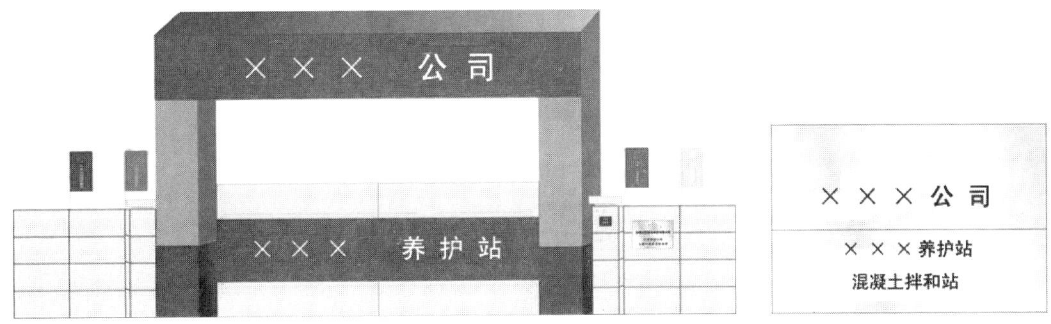

图 A.5　生产区大门效果图

附　录　B
（资料性附录）
养护站标识标牌

表 B.1　养护站标识标牌要求

标识标牌	尺寸（长×宽，cm）	颜色、字体	设置位置
养护站名称牌	300×50（竖牌）	白底黑字、黑体	养护站大门
养护站简介牌	200×150	蓝底白字	养护站大门
场地布置图	根据养护站布置情况设置，推荐 200×200		办公楼大厅或养护站院内
路线示意图	150×90		会议室
告示牌	200×150	白底黑字、黑体	养护站院内
宣传栏	单窗 240×120（可设多窗）		养护站院内
职责牌（含制度牌）	60×90	白底黑字、黑体或宋体	各办公室
办公室门牌	18×10	金底红字、宋体	各办公室门墙
生活用房门牌	18×10	金底红字、宋体	各生活用房门墙
安全生产操作规程牌	200×150	蓝底白字、黑体	会议室或拌和站院内
安全保障体系牌	200×150	蓝底白字	会议室
质量保证体系牌	200×150	蓝底白字	会议室
拌和站简介牌	200×150	蓝底白字、黑体	拌和站入口处
试验室牌匾	80×60	金底黑字	试验室门墙
试验操作规程牌	60×90	白底黑字、黑体或宋体	试验仪器设备上方
混凝土配合比牌	150×120	蓝底白字、黑体	拌和楼旁
材料标识牌	60×50	蓝底白字、黑体	材料堆放处
拌和操作规程牌	60×90	蓝底白字、黑体	拌和机械设备旁
消防保卫牌	200×150	蓝底白字、黑体	养护站内各火险隐患处
文明施工牌	200×150	蓝底白字、黑体	拌和站院内
安全警告警示牌	按 GB 2894 要求制作		养护站内各作业点
注：本表中各标识标牌的尺寸、设置位置仅做推荐，各养护站可根据具体情况做相应调整			

附 录 C
(资料性附录)
养护站标识标牌样式及尺寸

本附录图中尺寸单位均为 cm。

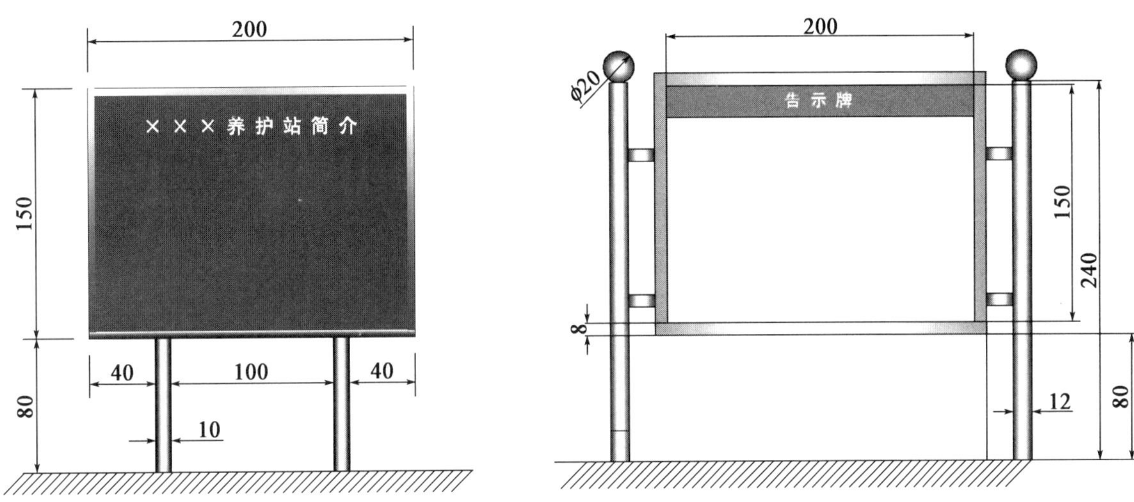

图 C.1 养护站简介牌

图 C.2 告示牌示意图

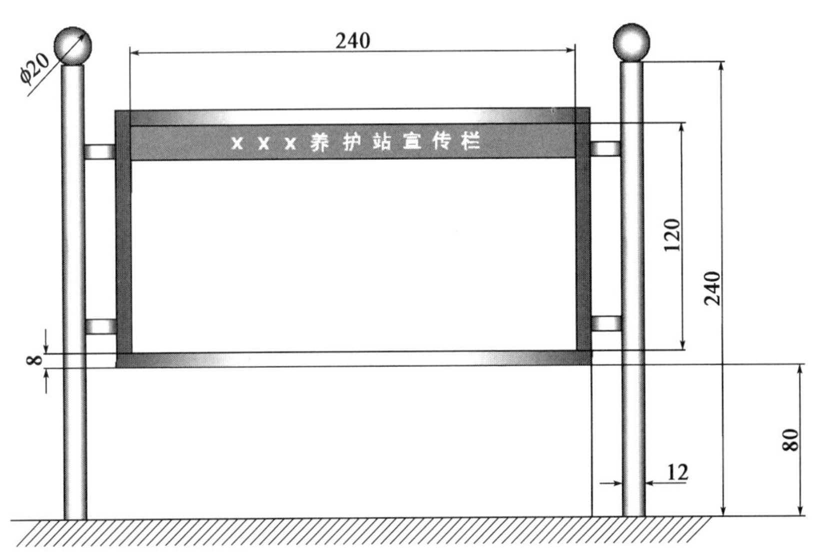

图 C.3 宣传栏示意图

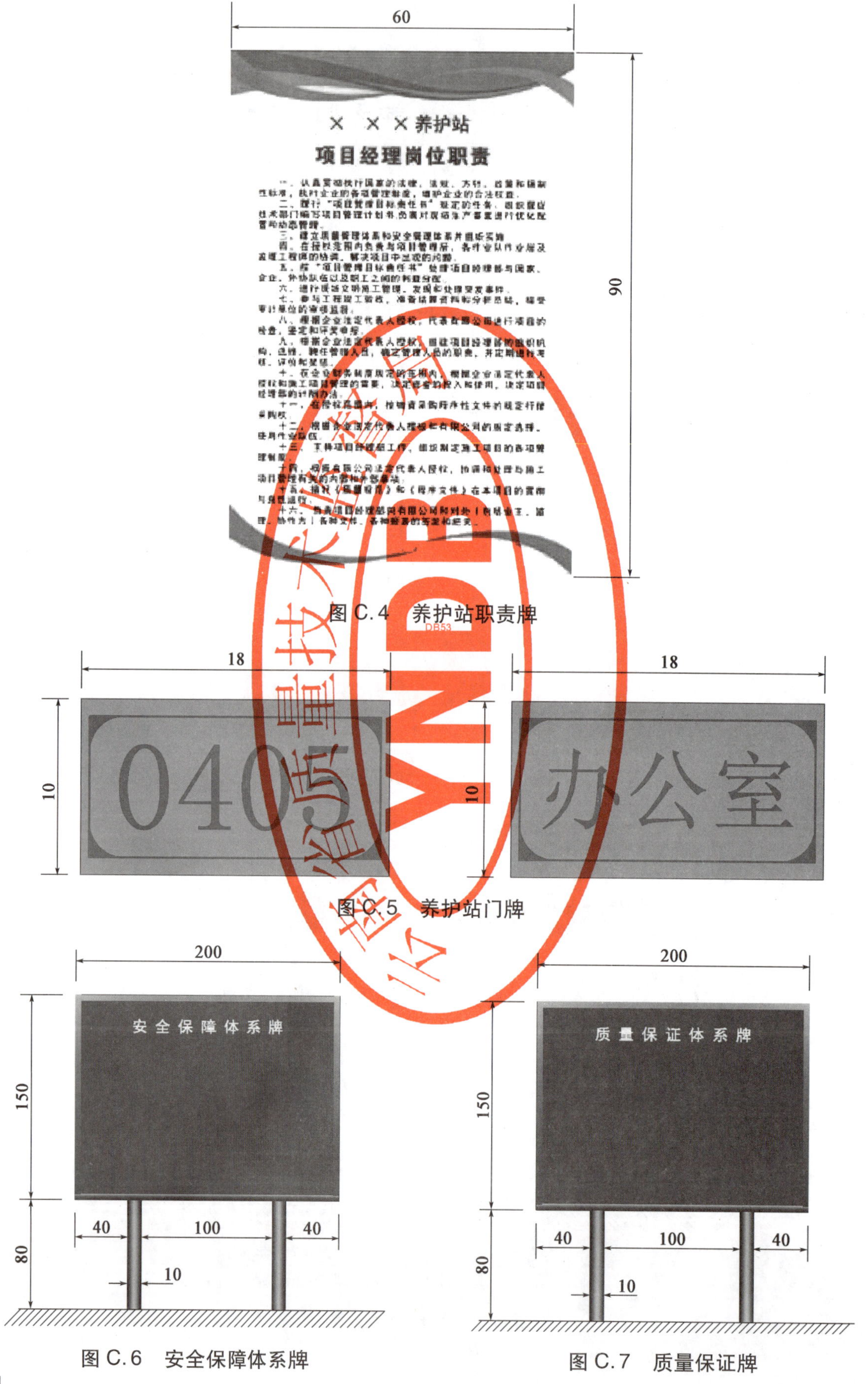

图 C.4　养护站职责牌

图 C.5　养护站门牌

图 C.6　安全保障体系牌

图 C.7　质量保证牌

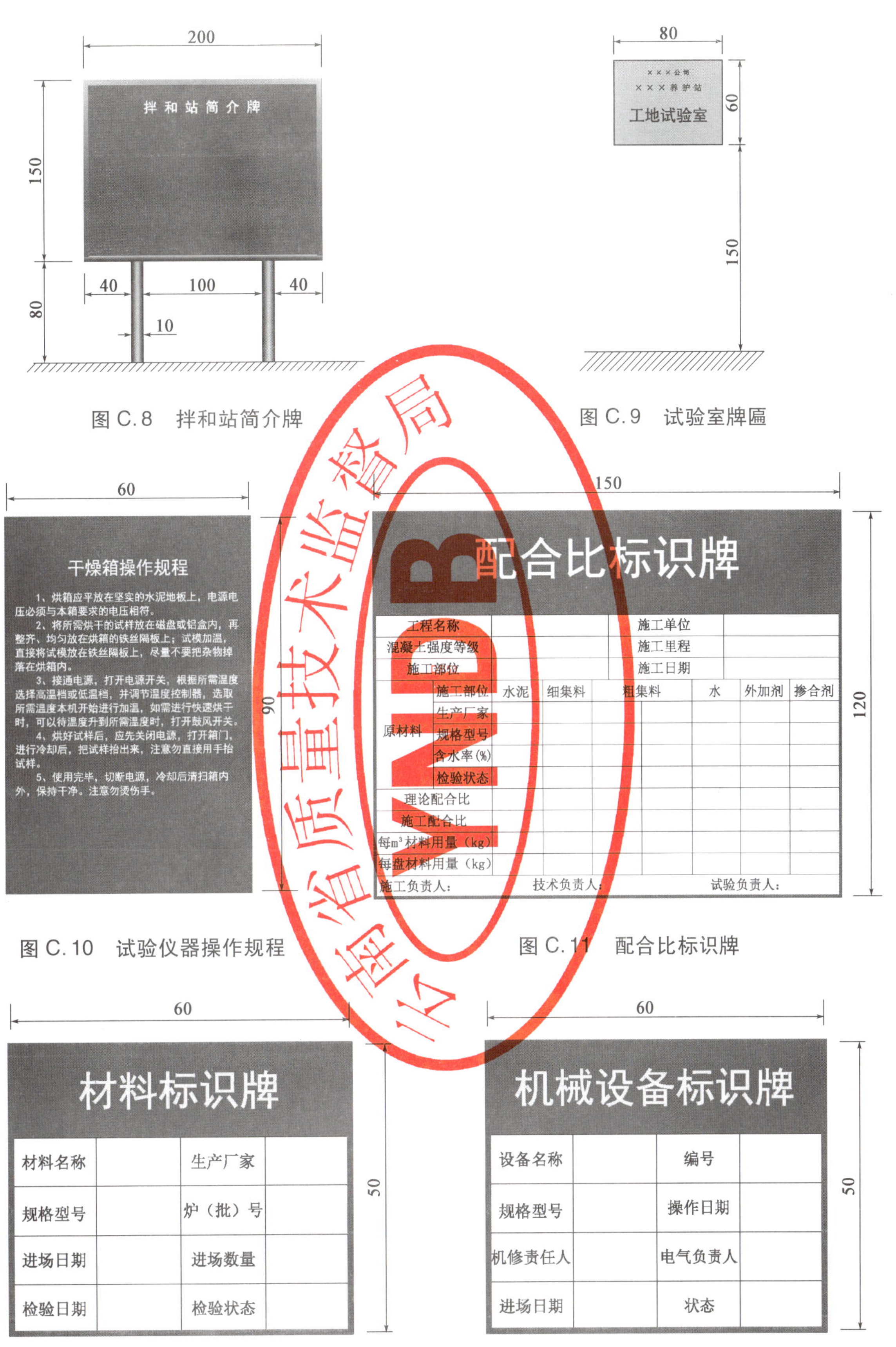

图 C.8　拌和站简介牌

图 C.9　试验室牌匾

图 C.10　试验仪器操作规程

图 C.11　配合比标识牌

图 C.12　材料标识牌

图 C.13　机械设备标识牌

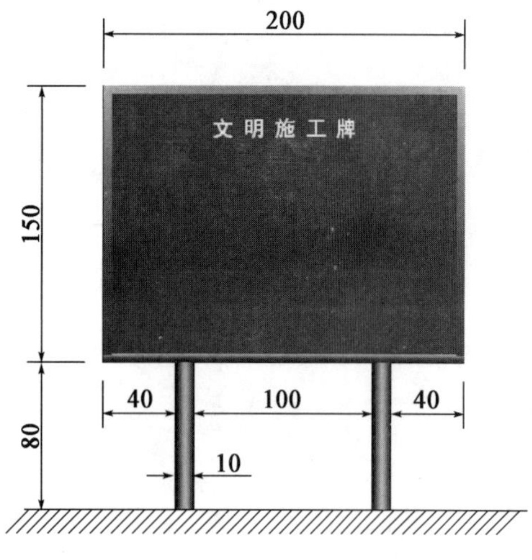

图 C.14　文明施工牌

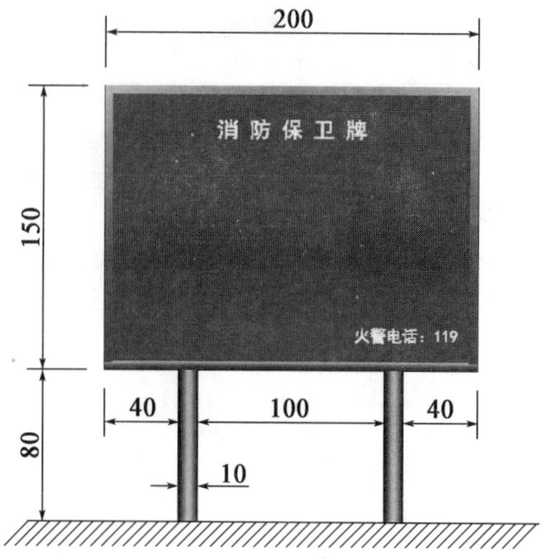

图 C.15　消防保卫牌

DB 53/T 754—2016